Kopfsalat – Wir sind viele • Tom Kötter

Ein Gedicht- und Bildband

von Vielen für Viele

und Unos.

Für meine großartige und geliebte Frau,
ohne die wir alle nicht viel wären.

♥

Tom Kötter

KOPFSALAT

Wir sind viele

Bibliografische Information der Deutschen Nationalbibliothek
Die Deutsche Nationalbibliothek verzeichnet diese Publikation in der Deutschen Nationalbibliografie; detaillierte bibliografische Daten sind im Internet über http://dnb.d-nb.de abrufbar.

Rheinstraße 46, 12161 Berlin
Telefon: 0 30 / 76 69 99-0
www.frieling.de
ISBN (Print): 978-3-8280-3713-7
ISBN (E-Book): 978-3-8280-3714-4
1. Auflage 2022
Bildquelle: Aus dem Archiv des Autors

Printed in Germany

Einleitung

Hallo, schön, dass du dir die Zeit nimmst und diese Zeilen liest! Wir sind ganz schön aufgeregt, dass wir hier über unser Leben schreiben. Sicherlich wird es auch hier und da holprig werden und bei dir Fragezeichen hinterlassen. Schon im zweiten Satz könnte das erste Wort bei dir Fragezeichen auslösen! „Wieso wir? Sind es mehrere Autoren, die hier schreiben?“ Ja, sind es, aber eigentlich auch nicht!

Um zu versuchen, zu erklären, was wir damit meinen, gibt es dieses Buch. Du merkst schon, es ist nicht in einem Satz zu beschreiben und zu erklären schon gar nicht. Bitte fühle dich nicht auf den Fuß getreten, dass wir dich hier einfach duzen. Es ist ein sehr persönliches Buch und deshalb finden wir eine gewisse Nähe zwischen uns als Autor und dir als Leser angebracht.

Wir wollen dich mit Gedichten, Texten und weiteren Ausdrucksweisen auf eine Reise einladen. Auf eine Reise durch das Leben eines Menschen mit einer *Dissoziativen Identitätsstörung*. Das ist die medizinische Diagnose. Eigentlich ist Störung unpassend. Ja, sie stört uns auch massiv im Alltagsleben, aber ohne die Aufspaltung wäre es in der Kindheit sehr schwer geworden zu leben. Der früher gebräuchliche (und auch heute oft noch genutzte Name) war *Multiple Persönlichkeit*.

Ganz wichtig – und ausdrücklich hier am Anfang – ist uns, dass du weißt, dass es sehr viele verschiedene Formen, Ausprägungen und Umgangsweisen einer Dissoziativen

Identitätsstörung gibt. Nicht alles, was wir schreiben, ist eins zu eins auf jeden mit diesem Krankheitsbild übertragbar.

Außerdem werden wir nicht von Traumata in unserer Kindheit erzählen, obwohl sie die Ursachen für unsere Aufspaltung in verschiedene Anteile sind. Wir sind noch nicht bereit dazu, arbeiten aber sehr stark mit professioneller Hilfe daran, auch zu diesem Punkt zu kommen. Jedoch wird es auch Gedichte geben, die dir eventuell zu nahegehen könnten. Um dich zu schützen, bevor du die Gedichte oder Geschichten liest, werden wir Warnungen aussprechen, damit du frei entscheiden kannst, ob du bis zur nächsten Überschrift weitergehst.

Wir leben zurzeit zu acht. Es gibt einen Außenanteil, damit meinen wir den Anteil, der mit dem Körper altert, alles steuert und für dich immer sichtbar ist, und sieben weitere Anteile, die im Innen sind und ganz unterschiedlich „an die Oberfläche kommen und den Körper übernehmen“. Das hört sich etwas spooky an und ja, das ist es auch für uns selber. Aber bitte lies weiter! Die Anzahl genau festzulegen, ist schwierig, da manche Anteile sich auch integrieren und andere sehr verborgene Anteile auftauchen können. Der Kreativste von uns ist ein jugendlicher Anteil, der die meisten der Gedichte geschrieben hat. Ich – der Kapitän der Innenmannschaft – habe die Kapiteleinleitungen geschrieben und einige von den Gedichten.

An manchen Stellen haben wir zur bildhaften Veranschaulichung Zeichnungen eingefügt, die über die Jahre durch uns entstanden sind. Wenn du dir die Bilder anschaust, kannst du vielleicht erkennen, dass sie sich stark in der Gestaltung und in der Art und Weise unterscheiden. Je nachdem, welcher Anteil versucht hat, sich künstlerisch auszudrücken, gibt es große Unterschiede. Es gibt sehr kindliche Zeichnungen von Innenkindern unterschiedlicher Alter und andere Zeichnungen von Teenagern bzw. jungen Erwachsenen. Aber sieh selbst.

Teil 1: Viele sind wir

Oftmals geht es im Inneren drunter und drüber. Nach außen ist das meistens nicht sichtbar. Jeder Anteil fordert und fühlt oft anders und macht sich in unserem Kopf bemerkbar. Dabei ist es so, dass nicht immer alle Anteile gleichzeitig präsent sind, sondern mal der eine oder der andere Anteil, öfters mehrere und manchmal alle zusammen. Was das mit uns macht und wie es im Innen für uns ist, möchten wir in den Gedichten und Bildern in diesem Teil ausdrücken.

Kopfsalat

So viele Stimmen und nur eine ist deine
Prasseln auf dich nieder mal sanft mal hart
Oder laut und leise – nie hört man keine
Ich halte ihn nicht aus – diesen Kopfsalat

Alles ist übereinander und untereinander
Unter jedem Blatt versteckt sich das nächste
Außen geordnet – innen durch und einander
Von außen schön grüne und innen verweste

Versteckt

Zwischenklänge

Jeden Morgen, Mittag, Abend, jede Nacht
Jeden Tag, jede Minute, Stunde, Sekunde
Schlafen manche, manche sind hellwach
Sind wir eine kleine oder auch große Runde
Manche lachen laut, andere weinen leise
Nach außen kommt alles aus einem Munde
Doch alle innen sprechen auf andere Weise
Wenige bemerken sie, all die Zwischenklänge
Doch sie sind immer da, ziehen ihre Kreise
Unser Stadion ist nie leer, immer volle Ränge
Oft ist es lauter als im Außen, selten leise
Zwischenklänge halten uns fest in ihren Fängen

Wespennest

In meinen Ohren summt es so laut
Alles schwirrt vor mir hin und her
Aus vielen Schichten ist es gebaut
Viel Platz für alle und doch oft leer

Verschlungen formt es ein Zuhause
Massiv, aber doch dünn wie Papier
In ihm gibt es keine stille Pause
Auch in der Nacht, da summt es hier

So viel Betrieb, ungeordnet, ungelenkt
Hin und her, das nicht in Ruhe lässt
Es ist vertraut, doch auch so fremd
Wieso ist mein Kopf ein Wespennest

Update

Was ist heute nur wieder los?
Chaos in meinem Kopf
Alle Sensoren arbeiten auf

Hochtouren

Manche sind nicht mehr richtig ansprechbar
Neustart?
Oder noch besser ein Update, das wäre toll
Geordnet und sinnvoll ins Handeln kommen
Kein Speicher, der da schreit: Ich bin jetzt voll
Ich klink mich aus! – Ach wäre das vollkommen!

Wer wir sind?

Wer wir sind, wer weiß das schon?
Selbst ich weiß es nicht ganz genau.
Bin ich ein Mensch, Monster, Klon?
„Mensch!“, sagt mir mein Körperbau.
Mein Kopf sagt: „Ganz klar ein Mann!“
Nicht alle in mir sind sich da so sicher:
„Du bist nichts, streng dich endlich an!“
Erst weit, dann nah folgt ein Gekicher:
„Wir sind ein Mädchen. Das ist doch klar!“
Kläglich höre ich dann ein Gewimmer:
„Wir sind ein kleiner Junge – wie furchtbar!“
Das macht alles nur noch schlimmer.
„Ich bin mutig. Lass mich mal machen!“
Sagt der Teenie und schubst mich um.
Doch wer bin ich? Ich mach die Sachen.
Aufpassen, vermitteln, gehorche stumm.
Ja sicher. Aber ist das wirklich alles?
Bin ich nur die Hülle, ohne ein Sein?
Das alles verbindet, ja einfach alles.
Eins ist sicher: Ich bin niemals allein.

Anteilnahme

Alphabet

Alles braucht seine Ordnung
Bis ins kleinste Detail geplant
Ca. ist als Maß nicht richtig
Denken nur im festen Schema
Eigenheiten sind verboten
Freie Meinung wird untersagt
Geächtet wird Veränderung
Hier ist alles vorgegeben
Initiative wird abgewürgt
Jeder macht, was jeder macht
Keiner tanzt aus dieser Reihe
Langeweile ist heut gleich Spaß
Meinungen werden unterdrückt
Negativ, wer doch anders ist
Ohne Grenzen leben will
Paragraphen an jeder Ecke
Quälen den, der nicht nur nickt
Regeln, was die Regeln regeln
Selbst das Lachen läuft nach Plan
Tu nicht das, aber tu das auch nicht
Unterdrückt und kleingemacht
Verzweifle ich in meinem Innern
Weil ich nicht bin, wie jeder ist
X-beliebig ist nicht meine Welt
Y-förmig wird aus viele oben unten eins
Zwischen Menschen leben und doch allein

Teil 2: Viele im Alltag

Die Aufspaltungen behindern uns im wahrsten Sinne des Wortes auch massiv im Alltag. Es können ganz banale Sachen sein, die unheimlich schwer durchzuführen oder gar unmöglich sind. Ein anderer Punkt ist die Zeit. Es dauert sehr lange und frisst sehr viel Zeit, die man dann für die Bewältigung des Alltags nicht mehr zur Verfügung hat.

Die Flasche

Wenn ich eine Flasche kaltes Wasser öffnen will
Und bevor die Hand den Schraubdeckel erreicht
Wird es lauter in meinem Kopf, denn nie ist es still
Ich will lieber rosa Brause und das jetzt gleich!

Nein, nicht diese Flasche, das Wasser ist viel zu kalt!
Mach endlich die Flasche auf, ich verdurste gleich
Wasser, wie uncool, nimm RedBull, du bist so so alt
Ich mach das jetzt, geh nach hinten in deinen Bereich

Ich will aber nicht. Jetzt reicht es mir aber mit dem Zirkus
Meine Hand hebt die Flasche, die ich endlich öffnen will
Stell die hin! Zu kalt, zu kalt! Meine Finger! Aua! Schluss!
Die Finger öffnen sich leicht, auch wenn ich es nicht will

Kein Ding, ich fang die locker! Nein, lass mich das mal machen
Die Flasche zerschellt und das ganze Wasser macht sich breit
Gibt es jetzt die rosa Brause? tönt es im Kopf mit lautem Lachen
Ich bin so eine Flasche! Selbst zum Trinken brauche ich so viel Zeit

Konfusion

Ich gehe eine breite Straße hinab und staune
Was will ich hier und ich habe doch keine Zeit
Mein Ziel ist ganz fest und klar vor dem Auge
Zumindest ein Teil von mir – der weiß Bescheid

Ganz allein gehe ich durch die Straßen der Stadt
Ich bekomme mit: Eine braucht dringend Schuhe
Ein kleines Kind jammert, die Füße sind platt
Ein Dritter will unbedingt und jetzt seine Ruhe

Wieso schon wieder hier? Höre ich einen sagen
Klagen, Wünsche, Ziele kommen mir zu Ohren
Wie kann denn das sein, wirst du jetzt fragen
Er ist allein, sagt er, lügt er etwa ganz unverfroren?

Diese Konfusion kann ich nur zu gut verstehen
Ich bin immer zu vielen, auch ohne Menschen in der Nähe
Nie kann ich alleine durch die Straße gehen
In mir sind viele – ach, wenn ihr die nur sähet!

Sicherer Ort

Zauberhand

Wie von Zauberhand gehe ich durch die Straßen
Ich fühle mich wie ein Roboter, wie ferngesteuert
Weiß nicht genau, wo wir gerade nochmal saßen
Das hört sich dumm an und auch so bescheuert

Ich gehe in Geschäfte, in die ich eigentlich nicht will
Kaufe Sachen, die ich mir sonst nicht ansehen würde
Ich frage Dinge in meiner (?) Stimme, die ich nicht will
Viele sein ist schwierig und für mich eine große Bürde

Ich habe öfter Probleme bei den einfachsten Sachen
Bei Dingen, die sonst leicht und ohne Überlegen gehen
Wie zum Beispiel meine eigenen Schuhe zuzumachen
Da stehe ich vor einem Rätsel, wie soll das denn
gehen?

Schaltzentrale

„Hallo, hallo, hört mich denn hier niemand?
Wo geht denn hier das Licht wieder an?“
„Was willst du denn? Später, geh an den Rand!
Ich mach das schon, fass hier bloß nichts an!“

„Aber ich will nicht schlafen und nie versteckt sein.“
„Jetzt ist die auch wieder da, das geht jetzt nicht!“
„Ich muss aber ganz dolle, sonst mach ich einfach ein.“
„Nein, auf keinen Fall! Wo ist denn nur das Licht!“

„Siehst du! Mir ist es auch immer viel zu dunkel hier.“
„Bitte, lieb sein, ihr beide, es ist doch jetzt noch Nacht!
Ich mache schon etwas Licht für uns, für uns alle vier.“
„Aber ich will nicht mehr schlafen, ich bin auch wach!“

Ich schlage meine Augen auf. „Was ist hier wieder los!“
Verschlafen merke ich, dass Teile fit und munter sind.
„Juhu, das Licht ist an, jetzt renne ich aber schnell los.“
Mein Körper springt auf, rennt los, denke: ein Innenkind.

Wieder vom Bad ins Schlafzimmer zurückgekommen:
„Jetzt wird geschlafen! Bis morgen macht kein’ Krach!“
Habe die Schaltzentrale wieder voll übernommen.
Hebel auf Standby, alle Akkus auf Laden, gute Nacht!

Leise höre ich ein Flüstern: „Ich bin aber immer noch wach!“

Gleiche Hand – unterschiedliches Erleben

Ungefiltert

Morgens halb acht ich stehe in der Küche
Die Kaffeemaschine brodelt und zischt
In meiner Nase vermischen sich Gerüche
Habe heute keinen guten Tag erwischt

Ich schaue aus dem Fenster, alles ist grau
Menschen laufen, Autos hupen vor sich hin
Im Radio lärmt die Guten-Morgen-Show
Alexa erzählt mir: „Heute, 13:30 Uhr Termin“

Aus dem Toaster springt verbrannt ein Toast
Während ich den Becher für den Kaffee hole
Blick auf den TV, Aktien sinken Coast to Coast
Von der Straße strömt laut das Kindergejohle

In meinem Kopf ein großes Gedankengewitter
Jetzt aber schnell den zweiten Toast noch essen
Kaffee läuft auf'n Tisch! Das ist was für Twitter
Denn heute habe ich wohl den Filter vergessen

Kirmesbuden

Wenn ich mich einmal total nach Ruhe sehne,
ist es nicht so einfach, wie man denken mag.
Rauf aufs Sofa, Augen zu und Kopf auf die Lehne,
funktioniert bei mir nicht, auch wenn ich oft lag.

Ich bin immer auf einem großen, bunten Rummel,
was durchaus manchmal auch seine Vorteile hat.
Zumindest ist man nie alleine bei einem Bummel.
Schwierig ist, dass jeder Teil andere Dinge mag.

Manche wollen unbedingt Kinderkarussell fahr'n.
Für andere Anteile ist das einfach viel zu langsam.
Diese trauen sich auf die gigantischste Achterbahn.
Wieder andere schauen sich nur Kirmesbuden an.

Und ich bin Dompteur, halte die Zügel in der Hand,
wenn innen alle in verschiedene Richtungen rennen.
Versuche jedem zu geben, was er brauchen kann,
vergesse dabei oft mich, lerne mich jetzt erst kennen.

Ich lebe auf einer Kirmes und das Tag und auch Nacht.
Nie sind alle Lichter aus oder keine Stimmen zu hören.
Es ist anstrengend. Oft fühl ich mich in tiefer Ohnmacht
und denke: „Bloß nicht auffallen und bloß nicht stören!"

Rummel

Traumhaft

Wie im Traum wird es um mich unwirklich
Merke, wie ich meinen Körper langsam verlier
Merke, wie machtlos ich immer mehr agier
Werde in Haft genommen von einem Teil in mir

In Traumhaft schaue ich durch meine Augen
Merke, wie ich nichts mehr an mir kontrollier
Merke, wie sich alles ändert, bin nicht mehr hier
Bin gefangen in mir und außen bin ich vier

Der Teil fesselt mich mit seiner Fröhlichkeit
Merke auch die Ängste und andere Gefühle
Merke die Furcht, Einsamkeit und Kühle
Auch er ist allein, obwohl wir sind so viele

Versuche, allen zu helfen aus meiner Haft
Merke, wie stark die Not in diesem Anteil ist
Merke den Schmerz, auch wenn er fröhlich ist
Versuche die Fesseln zu sprengen mit aller Kraft.

Alles in uns ist sehr fragil, auch wenn es nach außen hin massiv und sicher erscheint. Manchmal reicht etwas, das kurz ins Blickfeld kommt, oder wir spüren oder wir riechen, und es legt sich wie von Geisterhand und in unglaublicher Geschwindigkeit ein Schalter um, und ein anderer Anteil ist präsent. Der gerade noch prominente Anteil verschwindet in den Hintergrund.

Verrückt

Ein Stapel Stühle stehen
Aufeinander Übereinander
Manche auf den Lehnen
Andere quer und ineinander
Welche sind gar nicht zu sehen
In dem ganzen Durcheinander

Doch alles ist in sich stabil
Nichts wackelt oder wankt
Sieht alles andere aus als labil
Nichts einen Millimeter schwankt
Das Gebilde ist gar nicht fragil
Auch wenn es bis zur Decke langt

Bis einer kommt mit Grinsen im Gesicht
Verrückt einen Stuhl an einem Bein
Und bringt diesen aus dem Gleichgewicht
Woraufhin – wie sollt es anders sein? –
Alles komplett in sich zusammenbricht
Denn stabil sein ist oft nur äußerer Schein

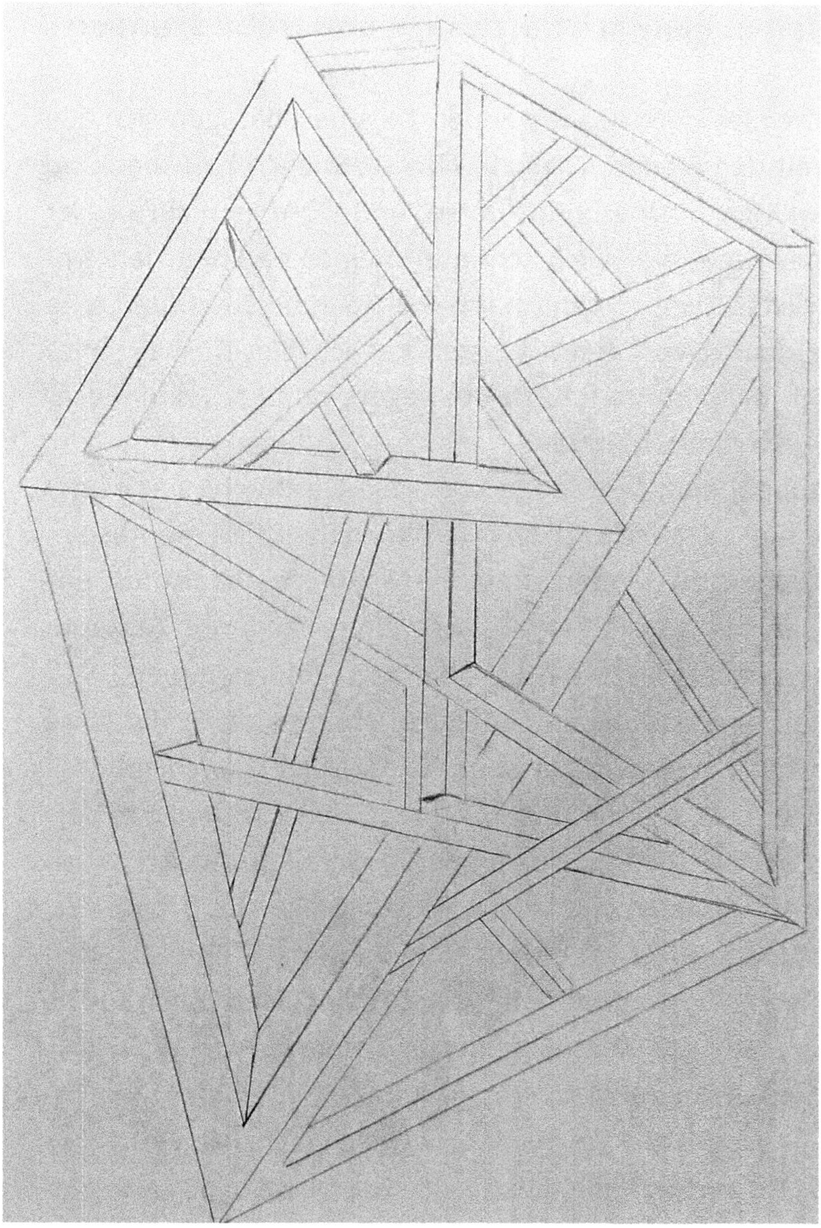

Stabil oder labil

Teil 3: Viele schwarze Tage und trübe Stunden

Die Gedichte des folgenden Teils beschäftigen sich alle mit den Fragen, wieso bin ich so, wie ich bin, kann und will ich so überhaupt leben, und wäre es nicht besser gewesen, wenn ich schon in meiner Kindheit den einfachen Weg gewählt hätte – ein Schlussstrich und eine Erlösung von dem Monster, das ich bin. Deshalb bitte ich dich, im Vorfeld zu überlegen, ob dich Texte dieser Art triggern könnten.

Lange, nein sehr lange und viele Gespräche hat es gedauert, bis ich endlich realisiert habe, dass die Abspaltungen zu Kinderzeiten ein Schutzmechanismus des Gehirns waren. Es gab über einen längeren Zeitraum unterschiedlichste Dinge, die dazu geführt haben. Weiter darauf eingehen möchte ich hier nicht. Es wäre nicht nur schwierig, sondern ist zurzeit auch unmöglich. Die Geschehnisse sind fest verpackt und tief versteckt bei einem der jüngeren Anteile, und ich selbst weiß bis jetzt nur einige dieser Dinge. Bitte hab Verständnis, dass ich es hier nicht weiter ausführe und den Dingen keine große Bühne biete. In diesem Buch soll es um uns als System gehen und darum, wie es ist, als Mensch mit abgespaltenen Anteilen zu leben.

Als Kind habe ich oft darüber nachgedacht, wie gut es wäre, nicht mehr da zu sein. Nach außen hin war davon nichts sichtbar, und wenn etwas kurz an die Oberfläche kam, konnte mein Umfeld nicht damit umgehen. Ich mache aber keinem einen Vorwurf. Nach außen war ich ein Kind wie alle anderen. Ich habe mich sehr früh darin geübt, bloß nicht aufzufallen und mich hinter einer Maske aus scheinbarer „Normalität“ zu verstecken. Ich bin ein wahrer Meister darin. Es war und ist sehr anstrengend und kraftraubend, permanent ein falsches Bild von sich hochzuhalten oder ein Bild, das unvollständig ist.

Als Kind, Jugendlicher und junger Erwachsener waren wir sehr weit weg von dem, was wir heute über uns wissen. Wir haben aber gemerkt, dass ganz viel in uns nicht so ist wie bei anderen Menschen in den entsprechenden Altersstufen. Gesagt oder darüber gesprochen haben wir selten. Es war und ist auch heute immer noch die große Befürchtung, dass wir ausgeschlossen werden von den Menschen und dann alleine sind. Rein objektiv und auch rein optisch sind wir natürlich auch ein Mensch, aber subjektiv kamen wir uns immer wie ein Monster vor. Ein Monster, das verzweifelt versucht, sich hier anzupassen und dort anzupassen, damit keiner wahrnehmen kann, dass wir ein Monster sind, das sich hinter dem Menschsein versteckt.

Dieser Monstergedanke ist in uns sehr stark verankert und sehr unterschiedlich stark ausgeprägt – je nach Anteil. Wenn es die Anteile, die leben wollen, nicht geben würde, wären die Anteile, die es nicht mehr aushalten,

ein Monster zu sein, den Weg bis zum Schlussstrich und darüber hinaus gegangen.
Ich erinnere mich an viele Situationen als Jugendlicher und junger Erwachsener, in denen ich „die Kontrolle über mich verlor" und merkte, dass ich immer näher an die Bahnsteigkante oder zur Brüstung einer Brücke ging. Es fühlte sich so richtig an, und nur durch den Schrecken anderer Anteile bin ich vor dem letzten Schritt immer zurückgewichen.

Ekel

Ich bin ein Monster durch und durch
Spüre es so deutlich und hasse mich
Voller Schleim wie bei einem Lurch
Es ist viel besser, du siehst mich nicht

Der Körper unförmig und viel zu fett
Voller unglaublicher Hässlichkeit
Schwabbelig und alles andere als nett
Ein Wunder, dass nicht jeder speit

Wenn ich nur gerade nach vorne sehe
Vergesse ich manchmal, dass ich es bin
Ein kleiner Blick zu Boden, wenn ich gehe
Und ich erschrecke davor, dass ich es bin

Spiegel überall sind mir ein Graus
Denn ich werde dann konfrontiert
Mich zu betrachten: „Wie sehe aus!"
Bleibe im Dunkeln, wo keiner stiert

Selbsthass

Richtig falsch

So gerne würde ich alles richtig machen.
Doch oft stelle ich mir selber beide Beine.
Dann höre ich dieses höhnische Lachen.
„Richtig falsch, das kann er gut, der Kleine."

Ich bin verunsichert, habe keine Peilung.
„Das ist falsch!", prasselt auf mich nieder.
„Gehe doch endlich in die richtige Richtung!"
Ich gehe anders und das immer wieder.

Richtig gedacht, doch wieder falsch gemacht.
Das kann mein ungewolltes Lebensmotto sein.
Es ist frustrierend; versuche es Tag und Nacht.
Die Ergebnisse richtig falsch – so soll's wohl sein.

Risse

Immer wenn ich vor dem Spiegel stehe,
sehe ich in der Mitte einen kleinen Riss.
Ich weiß nicht, seit wann ich ihn dort sehe.
Nur – er ist schon lange da. Das ist gewiss.

Gestern merkte ich – wenn ich nun hinschaue,
dass der Riss ein gutes Stückchen länger ist.
Nicht mehr nur vom Scheitel bis zur Braue,
er zieht sich fast durch das ganze Gesicht.

Heute stehe ich vor ihm und bemerke entsetzt,
verstört blicke ich hinein in kurzer Distanz:
Der Riss ist in mir, wächst und ich bin verletzt.
Und der Spiegel war von Anfang an ganz.

Wahrheit im Spiegel

Wenn im Sommer Winter ist

Es ist Sommer, aber das nicht für mich
Für mich ist Winter, kalt und widerlich
Die Sonne scheint auf die Menschen
Auf mich fällt Schnee, es gibt kein Licht

Es ist Tag, doch das nicht für mich
Für mich ist Nacht, beweg mich nicht
Die Kinder lecken ihr tropfendes Eis
Auf mich tropfen Tränen vom Gesicht

Es ist Liebe, aber doch nicht für mich
Für mich ist Hass, tief und eindringlich
Die Herzen federleicht im Einklang schlagen
Auf mich stürzt alles mit zu viel Gewicht

Müde

Ich bin so müde
Hab keine Kraft
Beschimpf mich ruhig rüde
Dreh ab meinen Saft

Ich bin so traurig
Hab keine Tränen
Finde mich schaurig
Lass mich hängen

Ich bin so furchtbar
Fürchte mich vor mir
Hasse an mir jede Faser
Steche ab das Tier

Ich bin so tot
Hab keinen Mut
Versenke das Boot
Mach uns tot

Wieso so?

So, das ist also das Leben
Ein Kampf, ein Schmerz, ein Elend
Jeder für sich und keiner für jeden
Wieso Leben in diesem Moment?

So, so sinnlos und vieles vergebens
Eine Hoffnung, ein Wunsch, ein Traum
Hunger nach allem und wenig gegeben
Wieso Leben mit Furcht, ohne Vertrauen?

Wieso so lange kämpfen, überleben
Eine Schwärze, ein Tod, eine Dunkelheit
Freude für andere und Hass wird gegeben
Wieso Leben als Monster, das sich nicht befreit?

Täglich

Täglich aufstehen und maskieren
Täglich so sein, wie alle es wollen
Täglich jedes Gefühl blockieren
Täglich spielt man seine Rollen

Kläglich versagt man dabei täglich
Kläglich weint man ohne Tränen
Kläglich schreit man leise innerlich
Kläglich versiegen Hoffnungsfontänen

Fraglich, wie lange man so täglich
Kläglich weiter auseinanderbricht
Täglich Teile aufhebt von seinem Ich
Kläglich sie formt zu einem Gesicht

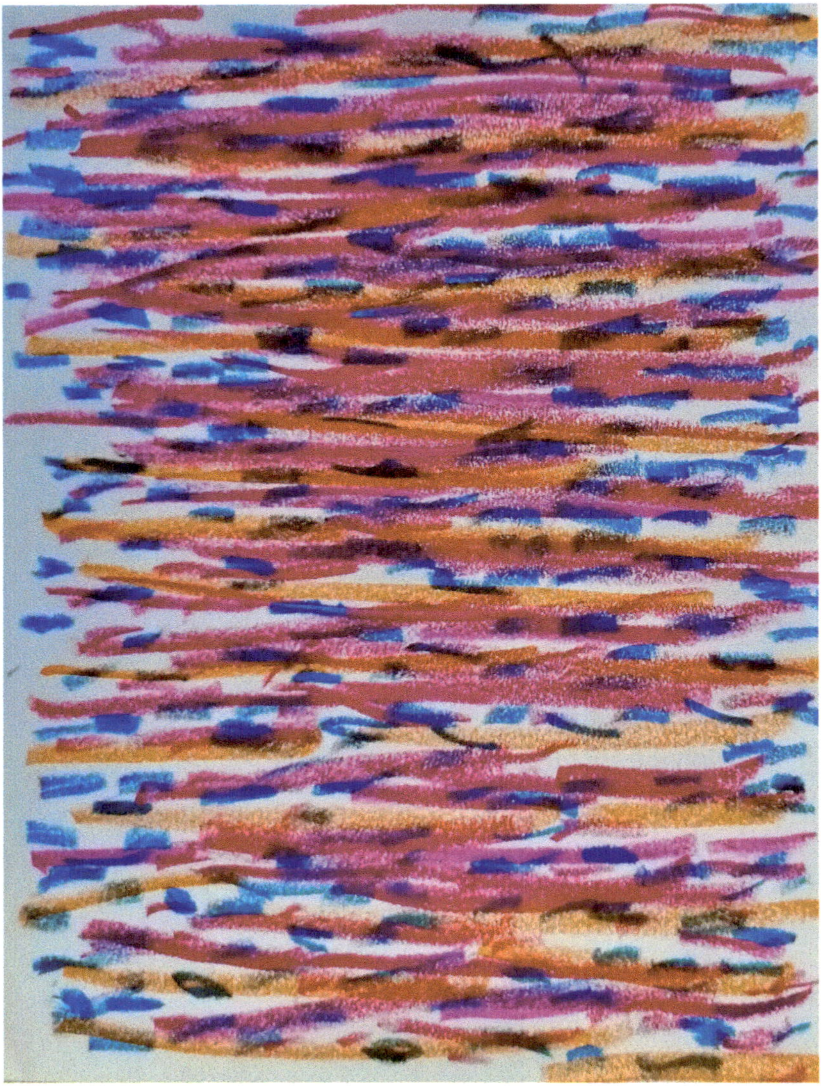

Roter Regen

Abschied

Schneekristalle fallen leise
Lichterketten an allen Orten
Weihnachtsdüfte ziehen Kreise
Plätzchen in so vielen Sorten

Menschen tragen Päckchen
Bunt und mit Glitzerschleifen
Am Kalender hängen Säckchen
Alles zu schön, ums zu begreifen

Überall flackern warme Kerzen
Tannen werden jetzt zu Bäumen
Frierend hock ich davor mit Schmerzen
Alle laufen vorbei an meinen Träumen

Kennst du das auch?

Es ist der schönste Tag
Die Sonne scheint
Menschen gehen ihre Wege
Alle fröhlich, kein Kind weint
Ich stehe still und bin so träge
Niemand da, der einen mag
Sag, kennst du das auch?

Es ist der schönste Tag
Lachen strömt aus allen Ecken
Alle Farben so schrecklich bunt
Glücklich sein scheint anzustecken
Ein Lächeln auf fast jedem Mund
Ich bin immun dagegen
Sag, kennst du das auch?

Es ist der schönste Tag
Die Freude ist unerträglich
Alle jubeln, keiner schmollt
Ich versuche es ganz kläglich
Für mich ist der letzte Erfolg
Lächelnde Lippen in meinem Sarg
Sag, kennst du das auch?

Stille

Der Lärm umschließt dich
Und das nicht nur äußerlich
Stimmen von allen Seiten
Manche flüstern wispernd leise
Andere sind laut am Streiten
Höhnisch und auf andere Weise

Egal zu welcher Tageszeit
Keine Stille weit und breit
Stimmen stürzen auf dich ein
Ängstlich, laut und wutentbrannt
Fordernd und oft auch gemein
Brüllend wird man übermannt

Richtig Stille ist wirklich nie
Aus den Träumen schleichen sie
Stimmen bevölkern deinen Kopf
Traurig, verzweifelt, spöttisch
Keine Ruhe, du armer Tropf
Weil nur im Tod die Stille ist

Gedanken, Gefühle, Wünsche

Einsam klebe ich an Gedanken
Verstecke mich hinter dem Verstand
Der mit all seinen Schranken
Gedanken erstickt und weit weg verbannt

Wütend blicke ich aufs Leben
Reiße meine Gefühle in kleine Fetzen
Als Monster unter Menschen leben
Geht nur ohne, setze auf meine Masken

Traurig ertrinke ich in Wünschen
Auch die Hoffnung langsam untergeht
Was für ein Leben unter Menschen
Die dich nicht sehn, hörn und verstehen

Teil 4: Viele haben Angst

Jeder und jede von uns hat Angst. So ist es auch nicht verwunderlich, dass auch Viele Angst haben. Angst an sich ist auch nicht verkehrt. Es ist wichtig, in einigen Situationen Angst zu haben. Sie hält uns vor Dummheiten fern und lässt uns auch erstarren oder in den Angriff übergehen.

Bei uns ist die Angst allgegenwärtig, und jeder Anteil hat unterschiedliche Ängste. Genau wie der Entwicklungszustand, die Feinmotorik, das Wissen und die körperlichen Funktionen, ist die Angst auf der Altersstufe, in der sich der Anteil befindet, stehen geblieben. Zum Beispiel hat ein Innenkind sehr große Angst vor der Dunkelheit, vor dem Schlafen und dass es ausgeschimpft wird. Ich habe diese Ängste nicht, nehme sie aber extrem war und muss mich darum kümmern, und zwar auf die Art und Weise, wie man sich um ein Außenkind der gleichen Altersstufe auch kümmern würde.

Auch leben die Innenkinder weiterhin in der Zeitepoche ihres Alters, und sehr oft werden Gefahren von früher sehr massiv als Gefahren von heute aufgefasst, und es kann eine große Panik entstehen, wenn sie Dinge sehen, hören oder riechen – also mit unseren Sinnen wahrnehmen –, die sie daran erinnern. Dieses Triggern kann dazu führen, dass ich wie wegkatapul-

tiert werde und der Anteil „nach vorne kommt und übernimmt“ und einen starken Panikanfall bekommt.
Genauso gibt es auch Trigger, die an schöne Dinge erinnern und Anteile nach vorne kommen lassen, die es dann wieder so haben wollen. Eine meiner wichtigsten Aufgaben als Kapitän der ganzen Innenmannschaft ist deshalb auch, dieses an unpassenden Orten zu verhindern, innerlich Schranken zu setzen und Alternativen anzubieten, die Kontrolle zu behalten und zu bestimmen, wer darf wann wo und – wichtig! – auch wie lange im Vordergrund sein.
Die Gedichte befassen sich in diesem Teil mit den Gefühlen und Ausprägungen der Angst, mit unseren Zweifeln und auch mit der Wut von Anteilen.

Wenn Wasser im Hals gefriert

Kennt ihr das, wenn man sich verfolgt vorkommt
Man schaut nach allen Seiten, die Augen weit auf
Man hat das Gefühl, dass man nicht entkommt
Der Atem wird schneller; das Gehen wird zum Lauf

Das Herz schlägt schneller und pocht in den Ohren
Ein beklemmendes Gefühl, als ob einen jeder anstiert
Der Angstschweiß fließt einem aus allen Poren
Ein Gefühl, als ob Wasser im Hals plötzlich gefriert

Zerrissen

Zweifel

Ziemlich müde und erschöpft
Zwischen Terminen hin und her
Zweck ist oft vom Tun geköpft
Zwei Dinge tun und doch so leer
Zwei Freunde schnell kontaktieren
Zwei Feinde kurz und knapp hofieren
Zweifel, ob ich noch funktioniere?

Der graue Mann im Regen

Ein grauer Mann geht eine Straße entlang.
Der Regen prasselt wirbelnd auf ihn nieder.
Das ist nicht das Ende weder noch der Anfang.
Er macht es immer und immer und wieder.
Zuerst geht er langsam, dann immer schneller.
Kommt dir näher, du spürst es in den Gliedern.
Zieht dich hinab – immer tiefer in den Keller.
Du weißt nicht mehr, wo vorne und hinten ist.
„Ich bin Herr Stress", flüstert er dir leise ins Ohr.
„Du bist gefangen. Ganz egal ob du es willst.
Dass einer mir entkommt, kommt ganz selten vor."

Fraglos

Was bin ich und wieso bin ich anders?
Wie bin ich und wieso kann ich nicht sein?
Wer bin ich und wieso nicht anders?
Wo bin ich richtig und wo darf ich sein?

Panik

Unbemerkt auf leisen Sohlen
Hinterrücks und unerwartet
Packt dich die Panik, wird dich holen
Ist schon da, bevor es startet

Dein Hals schnürt sich zu
Die Welt wird um dich grau
Aus jeder Pore tropft die Angst
Du hörst nichts mehr, trotzdem ist es laut

Die Panik hat dich in den Krallen
Alles dreht sich, weißt nicht, wo du bist
Sie will dich kriegen, stellt dir Fallen
Du bist verloren, sie kennt jede List

Laute Stille

Stille brodelt leise innerlich
Keiner kriegt sie zu Gesicht
Durch Schmerzen angeheizt
Wird sie immer mehr gereizt

Dann wird aus der Stille Hass
Der kochend fließt – das ohne Rast
Dampfend aus jeder Pore schießt
Bis du endlich endlich kollabierst

Angst im Blick

I C H H A B E A N G S T

C I C H H A B E A N G S

H C I C H H A B E A N G

H H C I C H H A B E A N

A H H C I C H H A B E A

B A H H C I C H H A B E

E B A H H C I C H H A B

A E B A H H C I C H H A

N A E B A H H C I C H H

G N A E B A H H C I C H

S G N A E B A H H C I C

T S G N A E B A H H C I

Unterlegen

Ungewissheit

Gewiss ist, dass die Zeit vergeht
Gewiss ist, dass du geboren bist
Gewiss ist, dass die Welt sich dreht
Gewiss ist, dass du das jetzt liest
Ungewiss ist, ob es dir grad gefällt
Ungewiss ist, wer dir hilft in der Not
Ungewiss ist, wann die Welt zerfällt
Ungewiss ist die Zeit bis zum Tod

Teil 5: Viele haben Hoffnung

Neben der Panik gibt es in uns auch das Gefühl der Hoffnung. Einer Hoffnung, ein Leben mit allen Anteilen im Einklang und ohne große Ausreißer in welche Richtung auch immer zu leben. Eine Hoffnung, zusammen als Mannschaft – um bei dem Bild mit dem Kapitän und seiner Mannschaft zu bleiben – das Leben zu meistern, ohne dass einer über Bord geht oder meutert.
Genährt wird diese Hoffnung dadurch, dass wir Erfolge sehen, die wir noch vor ein paar Jahren nicht für möglich gehalten haben. Möglich gemacht hat das der Wille aller Anteile, etwas an unserer Situation zu ändern, ein für uns alle sehr gutes Netz an Therapeuten und wiederholte stationäre Klinikaufenthalte. Es ist ein langer Weg und dauert seine Zeit, bis man die richtige Unterstützung findet, und leider haben wir bei vielen Therapeuten und bei vielen Klinikaufenthalten sehr schlimme und auch retraumatisierende Erfahrungen machen müssen. Aber ich möchte allen, die am Anfang der Suche nach Unterstützung welcher Art auch immer sind, Mut machen, sich bei Rückschlägen weiter umzusehen. Es ist hart, aber es lohnt sich!
Deshalb kommen in diesem Abschnitt Gedichte, die Mut machen sollen, etwas an der eigenen Situation zu ändern oder eine andere Perspektive einzunehmen.

Lebe lieber

Einmal stand ich an einer unbekannten Straßenecke
Und fragte mich, wie ich denn hierhergekommen bin
Und wieso ich meine Finger nach dem Apfel recke
Der dort an einem Apfelbaum an den Zweigen hing

Ich fing an zu grübeln, was sollte das denn schon wieder
So viel ist zu tun – Haushalt, Arbeit – und ich bin im Irgendwo
Wer von uns hatte die Kontrolle und brachte uns hierher?
Manchmal weiß ich es nicht sehr genau, das ist einfach so

Du bist so schrecklich, kommt es von ganz tief im Innen
Als Kapitän deiner Anteile hast du sowas von versagt
Ich glaube, du spinnst und bist einfach nicht bei Sinnen
Streng dich an, falle nicht auf, sei nicht immer so verzagt

Stopp! Hab kein Bock mehr auf negative Gedankenstrudel
Ich lebe lieber und akzeptiere, dass ich so bin, wie ich bin
Ich bin anders und ich denke viel lieber an einen Apfelstrudel
Pflücke drei Äpfel und schaue nach, wo ich letztendlich bin

Aufbruch

Rolle rückwärts

Montag und ich bin auf dem Weg zur Arbeit
Ich bin eklig müde, der Himmel ist schwarz
Bin für nichts und niemand irgendwie bereit
Schweigende Pause, steh im Eck und quarz

Nach neun Stunden, Karte blind gestempelt
Schlurfe ich Mundwinkel unten durch das Tor
Die Straße ist voller. Ich werde angerempelt
Kriege nichts mit. Es ist eh alles so wie zuvor

Wo sind die Farben, die man als Kind noch sah?
Denke ich, als ich einen kleinen Spielplatz sehe
Ein schwarzgraues Trampolin steht einfach da
Ich denke „Umweg", als ich dennoch zu ihm gehe

Vorsichtig hüpfe ich – dann immer schneller höher
Ich höre in der Ferne ein Lachen aus meinem Mund
Die starre, erwachsene Rolle verblasst immer mehr
Mache eine Rolle rückwärts, sehe die Welt jetzt bunt

Gemischtes Doppel – Bild zweier Anteile

Fluchtgedanken

Ich bin am Ende und will fliehen aus dieser Welt
Keine Luft zum Atmen, und alle starren mich nur an
Wozu immer noch hoffen, wenn es eh keinem gefällt
Dass du da bist – innen Monster, außen ein Mann

Ein langer Weg durch die tiefschwarze Dunkelheit
Noch ein längerer ins Ungewisse, das vor einem liegt
Meine Beine sind müde, ich stolpere, bin es so leid
Jede Hoffnung wie eine Quelle, die dann doch versiegt

Mein Zug des Lebens früh vom Hellen ins Dunkle gefahren
Seitdem jahrelang in einem Tunnel rollt, kein Licht in Sicht
Und wenn ich etwas Licht ganz in der Ferne kann erahnen
Kommt eine Weiche und ich fahre immer tiefer in das Nichts

Ich bin am Anfang. Das Ende will ich nicht. Hört ihr mir zu?
Monster oder Mensch? Wer sagt, was stimmt und was nicht?
Jetzt trinke – speichere ich die Hoffnung, sehe nicht nur zu!
Ich sprenge den Berg, und mein Zug kommt an das Licht!

Hallo Leben!

Liebes Leben! Ich bin es wieder
Ich würde dich gerne etwas fragen
Vielleicht ist es dir etwas zuwider
Und du magst auch gar nichts sagen

Aber kann ich dich denn niemals ändern?
Bist du gestern, heute und auch morgen
Von ganz tief drinnen bis zu den Rändern
So bedrückend und nur voller Sorgen

Ich muss mir jetzt ein anderes suchen
So jedenfalls geht es für mich nicht
Du kannst ruhig schimpfen, sogar fluchen
Vorbei! Ich wähle ein Leben ohne dich

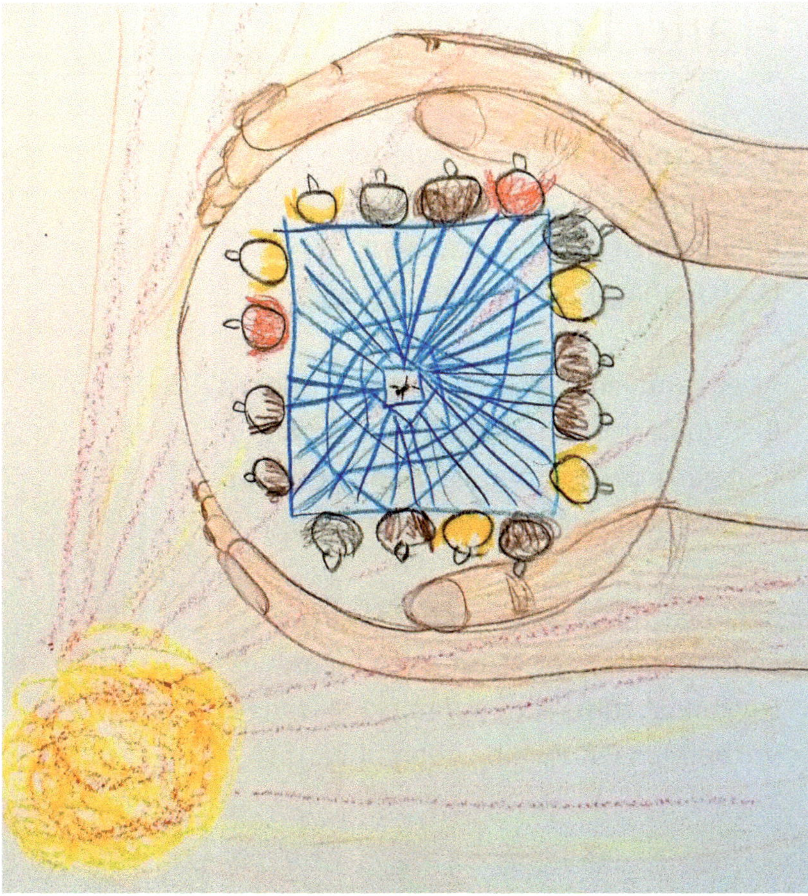

Hoffnung

Mutlos

Ich fühle mich manchmal so mutlos.
Alles, was ich mache, macht keinen Sinn.
Ich fühl mich klein, alles andere so groß.
Ich weiß nicht mehr, wieso ich bin.

Dann ruf ich mir zu: „Hab Mut, los!
Du kriegst das wieder ordentlich hin.
Strecke dich! Mach dich ganz groß.
Du bist ein Mensch, und das macht Sinn."

180°

W illst du je etwas im Leben erreichen,
M usst du akzeptieren, wer und wie du bist.
W ill ich denn von allen anderen abweichen?
M öglich, dass genau das anstrengend ist!
W ahrscheinlich ist Anpassen die richtige Wahl.
M utiere zum Roboter, funktioniere für die Welt.
W ill so nicht leben, ohne Gefühle, was eine Qual!
M öchte mich ändern, so wie es mir gefällt.

Dünger? Später!

Vielleicht hast du dich schon einmal gefragt:
Wer bin ich eigentlich, und bin ich so richtig?
Ist es überhaupt möglich, dass man mich mag?
Darf ich sein und bin ich fürs Leben wichtig?

Vielleicht hat dir jemand schon einmal gesagt:
Ich hasse dich, und du bist so richtig grässlich!
Kein Wunder, dass dich absolut keiner hier mag!
Werde Dünger, dann bist du endlich nützlich!

Vielleicht hören wir viel zu viel auf andere Leute
Und nehmen, was von uns kommt, nicht wichtig.
Hör dir zu! Für dich bist du wichtig, und lebe heute.
Umarme dich selbst, denn als Mensch bist du richtig.

Teil 6: Vieles für Innenkinder

In unserem vergleichbar recht kleinen System von Anteilen und mir als Kapitän – wenn man das so sagen darf – gibt es Innenkinder unterschiedlicher Altersstufen. Gerade für die jüngeren Anteile ist es trotz tausendundein-maliger Erklärung von verschiedenen Seiten oft nicht verständlich, dass es einen Unterschied zwischen Innenkindern und Außenkindern gibt. Für euch und auch für mich ist es natürlich offensichtlich, dass der Unterschied gravierend ist.

Für sie besteht ein starker Wunsch und ein starkes Bedürfnis, „draußen zu sein und gesehen zu werden und zu zeigen, dass sie auch da sind". Kurz wird akzeptiert, dass es Unterschiede gibt. Dann kommen die ständigen Fragen, die man sonst auch von Außenkindern kennt. „Wann darf ich endlich in den Kindergarten? Gehen wir jetzt auf den Spielplatz? Ich will mit den anderen Kindern spielen. Bitte, bitte, kauf mir die Schuhe, die sind so so schön! Ich will die haben!" – auch wenn sie mindestens 20 Größen zu klein sind für unsere Füße.

Das Verhältnis zum gemeinsamen Körper und auch das Verständnis für ihn ist nicht präsent. Wenn ein Innenkind in den Spiegel sieht, dann sieht es sich, und damit meine ich, es sieht den Körper eines kleinen oder etwas größeren Jungen oder auch den eines kleinen Mädchens. Erst durch viel Zuarbeit von außen, schimmert manchmal unser Außenkörper durch, wenn sich ein Innenkind im Spiegel betrachtet.

In früheren Zeiten, in denen ich verweigert habe, mich als anders als die meisten aller Menschen zu sehen, wurde von mir bildhaft mit Gewalt dagegen angegangen und ich habe die Innenkinder, so tief es geht, in mein Innerstes verbannt und oft abgeschlossen und den Schlüssel weggeworfen. Diese Art und Weise des Umgangs war kurzfristig gut, und ich konnte besser funktionieren. Aber ich habe auch einen großen Teil meines Selbst negiert und unterdrückt.

Nach vielen harten Jahren verschiedener Therapien und der Erkenntnis, dass – wenn ich so weiter handle – ich immer mehr zu einem gefühlstoten Roboter werde, habe ich die Strategie geändert.

Nun steht neben der Akzeptanz meines „Viele-Seins" ein respektvoller und liebevoller Umgang mit den Innenanteilen – egal welchen Geschlechts und welcher Altersstufe – stark im Fokus.

Das hat bei uns zur Folge, dass wir die Schmerzen und Verzweiflung der einzelnen Anteile sehr ausgeprägt spüren. Es zerreißt mir manchmal das Herz, wenn ich merke, wie abgrundtief traurig und auch wütend die jungen Anteile sind, ohne dass ich etwas an der Situation ändern kann. Sie sind und bleiben weiterhin gefangen in mir, wenn auch nicht mehr in einem Verlies ohne alles.

Die Gedichte, die in diesem Abschnitt folgen, sind als Trost und Zerstreuung für die ganz jungen Anteile gedacht.

Monster

Ich kenne ein Monster mit vielen Köpfen
Manche sind groß, doch es gibt auch kleine
Das wohnt weit weg von allen Geschöpfen
Im tiefsten Wald – dort lebt sonst keiner!

Es ist schwarz, eklig und riecht ganz widerlich
Schmatzt und röchelt, wenn es Steine frisst
Rote Augen und Narben in jedem Gesicht
Viele haben Angst vor dem fiesen Biest

Eines Tages schallt ein Brüllen aus dem Wald
Und schon bald rast das Monster in die Stadt
Mit großen Schritten und macht vor nichts Halt
Jault fürchterlich, bis es sie endlich gefunden hat

Die Menschen schreien, fliehen schnell und gebückt
Dem Monster tropfen Tränen von jeder Wange
Als es endlich auf die große, runde Klingel drückt
Bei der Zahnarztpraxis von Frau Doktor Zange

Sie bittet es hinein, sagt: „Da wollen wir mal schauen."
Voller Angst zeigt es mit einer Kralle auf einen Zahn:
Vollkommen schwarz und kaputt durchs Steinekauen
Sie sagt: „Hab keine Angst, das ist schnell getan"

Und nach nicht einmal einer knappen halben Stunde
Ist der kaputte faule Zahn komplett herausgezogen
Das schwarze Monster grinst mit jedem seiner Munde
Verschwindet leise pfeifend – und das ist nicht gelogen!

Kindergarten

Supermäh

SUPERMÄH

Das 21. Schaf des Jahrtausends

[1]: frei nach Theodor Storm, Der Schimmelreiter

Schnauze!
Ich will
jetzt eine
rauchen.

Zisch! Eine helle
Flamme erleuchtete
den Nachthimmel.

Habe nun ach Philosophie, Juristerei und Biologie studiert, mit heißem Bemühen, doch so ein schwarzes Schaf hab' ich noch nie gesehen.[2]
[2]: frei nach Johann Wolfgang von Goethe, Faust Teil I
Das ist es gerade, worum ich dich bitten wollte. Ich fühle mich nicht mehr wohl in meiner Wolle.

Nach zehn Minuten ist's vollbracht und das Schaf steht da in neuer Pracht. Das schwarze Schaf sieht nun aus wie ein Schwein, und Supermäh packt vergnügt die Schere ein.

Das nächste Gedicht habe ich für die Innenanteile geschrieben – oder anders gesagt: von dem Kapitän an seine Mannschaft. Ich wollte ausdrücken, dass ich sie akzeptiere und auch langsam zu schätzen lerne, dass sie bei mir sind.

Auch wollte ich deutlich machen, wie schwierig es für mich ist, die einzelnen Gedanken und Gefühle zu ordnen und auch zuzuordnen.

Wir brauchen alle Zeit und ein ständiges Lernen.

Wisst ihr?

Wisst ihr, ich mag euch wirklich sehr
Unterschiedlich lange kenne ich euch nun
Nicht nur mir, auch euch fällt es schwer
Zu verstehen und etwas für uns zu tun

Wisst ihr, ich danke euch, dass ihr seid
Jeder und jede strengt sich wirklich an
Hat oft geholfen, dass ich auch bleib
Dass ich unser Leben hier leben kann

Wisst ihr, ich weiß nicht, wer ich bin
Viele Gedanken und Gefühle kreisen
Ich suche verzweifelt nach einem Sinn
Doch ihn kann ich noch nicht vorweisen

Wisst ihr, ich mag euch wirklich sehr
Brauche aber Zeit und auch viel Kraft
Oft fühle ich mich träge und auch leer
Seid geduldig, damit ich es bald schaff

Kleider machen Leute

„Oh mein Gott!", sagte Kai. „Wie siehst du denn aus?"
„Bist du sicher, dass du so zur Schule gehen willst?
Als dein Freund sage ich, geh so nicht aus dem Haus.
Ich bin absolut sicher, dass so keiner mit dir spielt."

„Du siehst aus wie ein Mädchen, voll peinlich ist das!"
Meine Antwort kurz und knapp: „Ich gehe so zur Schule."
„Aber das sind alles Mädchensachen! Das ist kein Spaß!
Wir müssen los, aber so bist du sicher nicht mehr der Coole."

Auf dem Weg begegneten wir zuerst Jule und ihrer Clique.
Von weitem hörten Kai und ich schon ihr lautes Gekicher.
Jule sagte: „Warte, bis ich das Foto an die anderen schicke!"
Kai stöhnte: „Oh man, jetzt wissen es alle. Das ist sicher!"

Auf dem Schulhof wurden wir unter Gegröle empfangen.
Die Mädchen lachten, die Jungs bildeten um uns einen Kreis.
Sven rief: „Bist du ein Mädchen, ist uns da was entgangen?"
Kai raunte mir zu: „Ich hab dir gleich gesagt, lass den Scheiß."

Britta sagte empört: „Der hat ja die gleiche blaue Jeans an wie ich!
Und der schwarze Pulli. Oh Mann, mehr Mädchen geht ja nicht!"
Die Jungs feixten in ihren Blumenkleidern: „Ja einfach lächerlich!
Hosen sind nur für Mädchen, aber ganz, ganz sicher nicht für dich!"

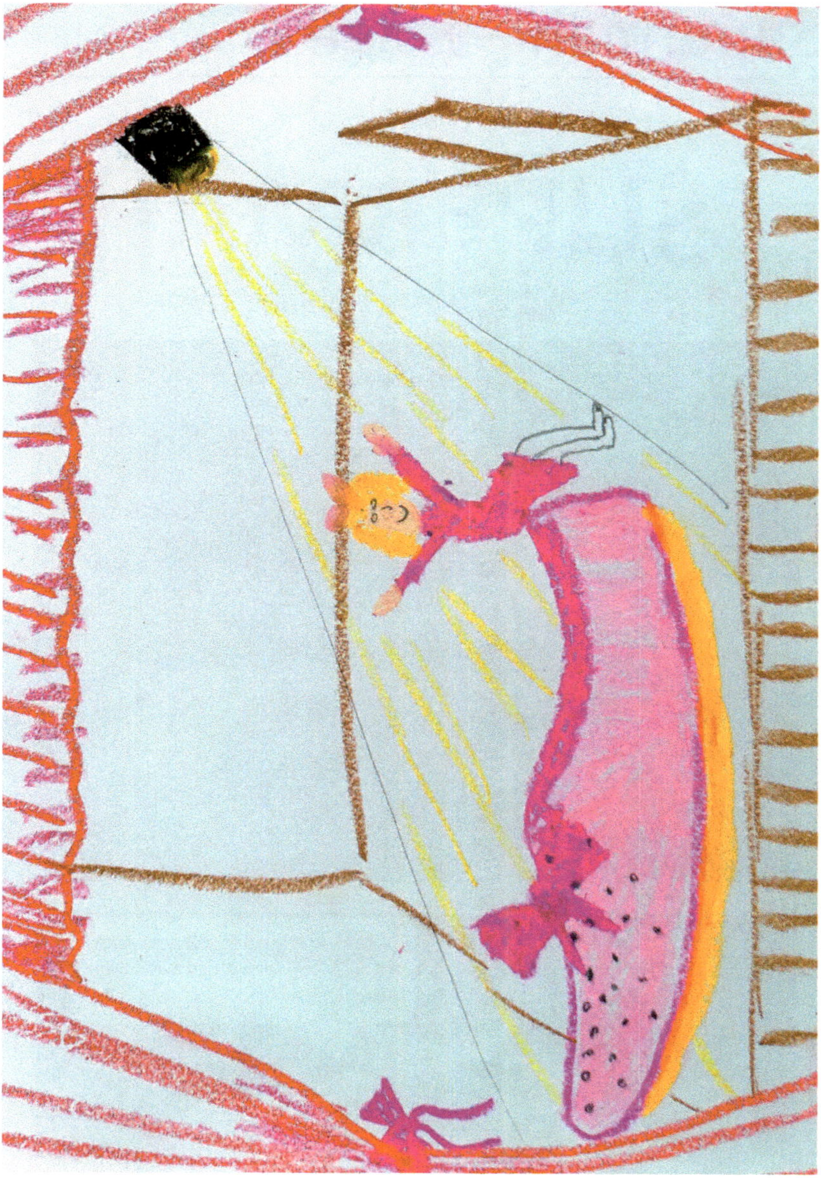

Rosarot

Supermäh – Folge 2

Zum Glück fand ich auf InstaLamm dein Bild und deine Handy-Nummer!
Was ist denn los mit deinem Kleinen? Hab keinen Bock, hier länger zu verweilen.
Er ist so anders als die anderen auf unserer Weide. „Wollfram“, sagt meine Frau – die Heide – „das verwächst sich noch; hat alles keine Eile!“
Doch er ist viel größer als die anderen in der Herde! Die Ohren nach oben und nicht zur Erde! Sein Hals, die Beine viel länger als die meinen.

Doch die schlimmste Unart ist: Er spuckt herum, wie es ihm gefällt.
Hier wird gerotzt, und da wird gerotzt!
Dann wundert es ihn noch, wenn ich mal motz.
Stopp! Stopp! Was soll das ganze Rumgejammer! Ändere die Perspektive, und du wirst sehn, dein Sohn ist echt der Hammer!
Den größten Überblick hat er schon jetzt alleine und kann euch warnen vor dem Feinde.

[1]: frei nach Friedrich Schiller, Die Räuber

Teil 7: Vieles, das uns beschäftigt

Als wir in der 5. Klasse waren, gab es einen Gedichte-Wettbewerb an unserer Schule, und der Gewinn war, dass das Siegergedicht in der Sparkasse der Stadt ausgestellt wurde. Das Thema war, wie wir uns die Welt der Zukunft vorstellen. Dass unser Gedicht „Die Welt nach einem Atomkrieg“ genommen wurde, war uns egal. Aber nicht egal war (und ist es heute immer noch nicht), die Gefahren für das Leben in eigenen Worten zu beschreiben.

Viele der folgenden Gedichte stammen aus jener Zeit.

Die Welt nach einem Atomkrieg

Wie zerstört ist diese Welt,
dass es keiner mehr aushält,
dass kein Stein mehr auf dem andren steht,
dass der Hauch des Todes weht,
dass die Kinder nicht mehr spielen,
weil so viele Bomben fielen,
dass jeder Mensch möchte weg,
weg von dem Elend und dem Dreck.

Wie zerstört sind die Milchstraßen,
dass keine Planeten durch sie rasen,
dass die Sonne ihr Licht verdunkelt,
dass kein Stern mehr so schön funkelt,
dass Triton und die Supernova,
Alpha Centaure und Sirius,
dass diese Dinge am Firmament
einfach worden sind gesprengt.

RACHE

Erbarmungslos ziehen sie umher
Erbarmungslos in der Dunkelheit
Rache für die Dunkelheit
Rache durch Zusammenhalt

Keiner kann ihnen entkommen
Rache in der Dunkelheit
Der Hauch des Lebens wird genommen
Ihr Ziel ist die Gerechtigkeit

Gemeinsam sind sie stark
Erbarmungslos und unüberwindbar
Sie kämpfen, morden, töten
Für die Alpträume in der Dunkelheit

Alle kämpfen für das Eine
Keine Chance für die Menschen
Die Gejagten werden Jäger
Die Gequälten zu den Quälern

Doch etwas ist ganz sicher
Tiere und Pflanzen werden Sieger
Denn wir brauchen sie zum Überleben
Und sie nicht uns zum Weiterleben

Die fortschrittliche Welt

Jeden Tag wird etwas erfunden.
Schreibmaschinen sind verschwunden.
Der Mensch will alles so leicht wie möglich.
Arbeiten hat er nicht nötig.
Maschinen übernehmen seine Arbeit,
Damit für ihn mehr Freizeit bleibt.
Die Maschinen fangen an zu denken,
Fortschritt wo wirst du nur enden?

SO? AH! Clever!

Alle Menschen brauchen Waffen
Wozu?
Um sicher zu sein
Warum?
Weil sie Angst haben
Wovor?
Vor allen anderen
Warum?
Weil alle anderen Waffen haben
Wozu?
Um sicher zu sein
Warum?
Weil sie Angst haben
Wovor?
Vor allen anderen
Warum?
Weil alle anderen Waffen haben
SO? ***AH***! Clever! ***C H A O S***

Jemand fragte mich

Jemand fragte mich mal hier:
„Wie geht es dir?“ – Meine Antwort:
„Gut geht es, und wie geht es dir?“
„Gut geht es“, und weinend ging er fort.

Jemand fragte mich beim Sport:
„Alles fit bei dir?“ – Mein Antwortsatz:
„Klar! Und bei dir?“, fuhr ich fort.
„Immer doch“, und humpelte vom Platz.

Treppen/Menschen

Es gibt viele verschiedene Sorten von TMreenpspcehn en
Große, kleine, schmale, breite
TMreenpspcehn en sind aus unterschiedlichen Materialien
Manche sind aus kaltem, brüchigem Stein
Andere wirken schön und einladend
Es gibt TMreenpspcehn en, die stetig nach oben streben
Und welche, die ihren Weg in der Dunkelheit suchen
Mamor- TMreenpspcehn en haben meist breite Stufen
Die in einem imposanten Haus nach oben führen
Keller- TMreenpspcehn en hingegen vegetieren in dunklen
Modrigen Gemäuern, bis sie in sich zusammenfallen
Manche TMreenpspcehn en haben nur eine Stufe
Andere führen hinauf in einen Glockenturm
Bis sie ihr Ende finden

Vor dem Haus unserer Kindheit gibt es eine viel befahrene Hauptstraße – fast eine Allee mit Bäumen rechts und links und mit einer langen Geraden, die in der Nähe des Elternhauses in eine Kurve knickt. Leider haben wir früher hier sehr oft Unfälle gesehen, und oft sah ich abends aus dem Fenster die blauen Blitze der Rettungswagen.

Blaue Blitze

Blaue Blitze zucken durch die Nacht.
Ein Auto küsst innig einen Baum.
Wer hat ans Glatteis nicht gedacht?
Hoffentlich ist alles nur ein Traum.

Doch der Traum ist Wirklichkeit.
An einem Faden hängt das Leben.
Ärzte und Helfer sind bereit,
Diesen Faden dicker zu weben.

Jeder kann einmal einen Unfall haben.
Durch eine Eisschicht oder anderen Fahrer
Liegt man schnell in einem Graben.
Vielleicht war man sogar selbst der Raser.

Auf den Straßen dieser Welt
Kann es erst dann Frieden geben,
Wenn sich jeder an die Regeln hält,
DENN RÜCKSICHT RETTET LEBEN!

Seifenblase

Die Welt ist vergleichbar mit Seifenblasen.
An vielen Stellen schillern ihre Farben prächtig.
Auf der Erde finden wir dort viele grüne Oasen,
in denen die Menschen leben reich und mächtig.

Oft verschwimmen diese bunten Farben
und wirken dann grau und trübe.
Die Menschen, die an diesen Stellen leben,
kennen nur die Armut und die Kriege.

Je länger man die Seifenblase beobachtet,
umso dunkler, grauer und dünner wird sie auch.
Wenn der Mensch weiter nach den Kriegen trachtet,
wird die Blase zerplatzen in Schall und Rauch.

Neugier

Die Zeitkurve

Die Zeit kann trübe sein. 1
Die Zeit kann lustig sein. 2
Die Zeit kann schön sein. 3
Die Zeit kann endlos sein. 4
Die Zeit kann heilend sein. 5
Die Zeit kann richtig sein. 6
Die Zeit kann schmerzvoll sein. 7
Die Zeit kann lebenswichtig sein. 8
Die Zeit tickt für jeden und verstreicht. 9
Die neunte Sekunde ging gerade vorbei. 10
Darum genieße die Zeit, die dir noch verbleibt. 11

KRIEG

ratatataratatataratatataratatata
pengpengpengpengpengengpengpeng
bumbumbumbumbumbumbumbum
kawummkawummkawummkawumm
ratatataratatataratatataratatata

Die Stimmen des Krieges verstummen nie,
aber viele Stimmen der Menschen verstummen
für immer. Lasst die Stimme des Krieges
sterben und die Stimmen der Menschen leben,
bevor es gar keine Stimmen mehr gibt.

Zustimmung – ein Dialog

Ich stimme zu, dass heute morgen gestern ist.
Klar, vorgestern war heute auch übermorgen.
Das muss ich ablehnen, weil gestern vor heute ist.
Da bin ich gegen und verschiebe es auf morgen.

Im Kabinett brauche ich aber deine volle Zustimmung.
Zur Stimmung nur so viel, ich bin jetzt total verstimmt.
Ohne deine Stimme verliere ich gleich die Abstimmung.
Bestimmt findest du einen, der in dem Punkt zustimmt.

Das lehne ich ab, verlieren ist für mich keine Option.
Dann bestimmen wir halt, dass gestern auch heute war.
Gewagte These, aber vielleicht kaufen sie die Version.
Bestimmt! Volle Zustimmung, das ist jetzt schon klar.

Der alte Baum

Ein großer, alter Lindenbaum steht vor meiner Terrasse.
Ich kenne ihn, seitdem ich vor vielen Jahren geboren bin!
Früher hing eine Schaukel an ihm – das fand ich Klasse!
Ich spielte in seinen Ästen, kletterte und sprang von ihm.

Ich fühlte mich geborgen, wenn ich in seinen Astgabeln saß.
Ich spürte die Stärke, Kraft und Weisheit durch seine Rinde.
Als ich größer war und angelehnt an seinem Baumstamm las,
Spendete er mir Schatten, gab mir Halt, die gute alte Linde.

Als ich erwachsen wurde, fand ich es toll, wie standhaft er doch war.
Ich ging meiner Wege, doch ich wusste immer, wo ich ihn finde.
Auch er veränderte sich mit der Zeit, doch war er immer für mich da.
Bis, ja, bis er eines Tages verschwunden war, meine alte Linde.

Ich war verzweifelt und sehr traurig über den großen Verlust.
Ich saß an seiner Stelle, und Tränen fielen auf den grünen Boden.
Da sah ich, wie kleine Lindenblätter sich streckten durch das Moos.
Ich lächelte: „Er ist nicht weg, sondern auch in mir verborgen!"

Maskerade

Maskerade

Viele Menschen auf der Welt verkleiden sich täglich.
Ihr Kostüm ist die falsche Freundlichkeit. In
Wirklichkeit sind sie skrupellos
und bestechlich und
zeigen es, wenn
der richtige Tag
gekommen ist,
in dem sie
auf die
Freunde
schießen.

Maskerade

Normal

Was ist heute denn schon normal?
Morgens aufstehen, abends schlafen.
Ich bin ziemlich sicher, das ist normal.
Auch zu atmen, leben und zu sterben,
Ist für uns alle auf der Welt normal.

Diesen Text zu lesen, für Blinde sicher nicht.
Die Worte zu hören, wenn einer sie vorliest
Für taube Menschen unnormal, sicherlich.
Wer sagt, was normal ist und was dann nicht?
Du oder ich? Normal wäre das wieder nicht.

Oft wollen wir nicht, dass etwas normal ist.
So wie töten, zerstören, verhungern, all dieser Mist.
Dass Reiche nur reicher werden mit und ohne List.
Ein Präsident, der pöbelt, andere Menschen disst,
Sollte nicht normal sein, auch wenn es so ist.

Normal ist immer und doch nicht für jeden.
Das Wort macht eigentlich nie für alle Sinn.
Oft grenzt es aus, macht einsam im Leben.
Wieso nehmen wir dieses kleine Wort nicht,
Schütteln und streichen den Buchstaben N
Und es bleibt die Moral von diesem Gedicht.

Teil 8: Viele sagen kurz zum Schluss

Am Ende möchten wir alle uns bedanken. Bedanken dafür, dass du das Abenteuer gewagt hast, meine oder, viel besser gesagt, unsere Welt zu ergründen und zu verstehen. Für alle Vielen unter euch hoffe ich, dass ihr euch an manchen Stellen wiederfinden konntet und dass ihr merkt, dass ihr nicht alleine seid. Seid mutig und kämpft und sucht nach der Hilfe, die euch unterstützt. Auch wenn es lange dauert und ihr so oft hadert. Das Leben lohnt sich immer!

Es ist uns nicht leichtgefallen, mit den Gedichten über unser Leben an die Öffentlichkeit zu gehen. Aber es war auch für uns eine große Hilfe. Für dich und alle Menschen – egal ob uno oder viele – wünschen wir nur das Beste und viel Verständnis, Respekt und Freundlichkeit im Umgang miteinander.